„Sonderdruck aus Ziegler-Buchert, Verwaltungsgesetze",
5. Auflage.

74. Religionsgesellschaftliches Steuergesetz.

Vom 1. August 1923.

(GVBl. S. 351.)[1]

Der Landtag des Freistaates Bayern hat auf Grund des Art. 137 Abs. 5, 6 und 8 der Verfassung des Deutschen Reiches vom 11. August 1919 und des § 18 Abs. III der bayerischen Verfassungsurkunde vom 14. August 1919 folgendes Gesetz beschlossen:

Art. 1. Die Religionsgesellschaften und Religionsgemeinden (Pfarr-, Mutter- und Tochtergemeinden) des öffentlichen Rechtes sind befugt, für ihre Zwecke gleichmäßige Zuschläge (Umlagen) zu den Reichs- und Landessteuern nach Maßgabe der folgenden Bestimmungen zu erheben.

Art. 2. I Die unter Art. 1 fallenden Religionsgesellschaften — in der katholischen Kirche die Diözesen — und Religionsgemeinden (Pfarr-, Mutter- und Tochtergemeinden) bilden Steuerverbände.

II Änderungen des Gebietes religionsgemeindlicher Steuerverbände sind der den beteiligten Steuerverbänden gemeinsamen Regierung, Kammer des Innern, sonst dem Staatsministerium für Unterricht und Kultus anzuzeigen und erlangen Wirksamkeit, wenn Erinnerungen nicht binnen zwei Monaten erhoben oder wenn sie als behoben erklärt sind.

Art. 3. I Jeder Steuerverband muß eine Vertretung haben.

II Ihre Zusammensetzung, Berufung oder Wahl, Ersetzung und Austritt ihrer Mitglieder, dann ihr Geschäftsgang sind durch eine Satzung zu ordnen, deren Erlassung den Religionsgesellschaften oder Religionsgemeinden öffentlichen Rechtes nach Maßgabe ihrer eigenen Verfassung überlassen wird; Religionsgemeinden, die keiner Religionsgesellschaft, jedoch einem Verbande von Religionsgemeinden öffentlichen Rechtes angehören, können die Aufstellung einer gemeinsamen Satzung ihrem Verbande übertragen. In der Satzung muß folgenden Mindestforderungen genügt werden:

1. Jede Steuerverbandsvertretung muß einen Vorsitzenden und mindestens zwei weitere Mitglieder haben; sie müssen sämtlich deutsche Reichsangehörige sein, das 25. Lebensjahr zurückgelegt haben und — mit Ausnahme des Vorsitzenden — im Steuerverbande wohnen und umlagenpflichtig sein.
2. Ihre Beschlußfähigkeit muß von der gehörigen Ladung aller im Steuerverbandbezirk anwesenden Mitglieder abhängig gemacht sein.
3. Über ihre Beschlüsse muß eine fortlaufende Niederschrift geführt werden, die vom Vorsitzenden und einem weiteren Mitgliede zu unterzeichnen ist und die erforderlichen Feststellungen zur Beurteilung der Beschlußfähigkeit sowie das Ergebnis der Abstimmung zu enthalten hat.
4. Für die Entscheidung von Streitigkeiten über den Vollzug der Satzung muß ein geordnetes Verfahren vorgesehen werden.

III Die von Religionsgesellschaften oder von einem Verbande von Religionsgemeinden erlassenen Satzungen sind dem Staatsministerium für Unterricht und Kultus, die von einzelnen Religionsgemeinden erlassenen Satzungen sind der Staatsaufsichtsbehörde des Steuerverbandsitzes zur Prüfung vorzulegen. Wenn Erinnerungen binnen 2 Monaten nicht erhoben oder wenn sie als behoben

[1]) In der Fassung der Bek. vom 18. August 1923 (GVBl. S. 350).

erklärt sind, gelten die Satzungen als vollziehbar und sind sodann in geeigneter Weise zu veröffentlichen.

IV Für Änderungen solcher Satzungen gelten vorstehende Bestimmungen entsprechend.

Art. 4. I Der religionsgesellschaftlichen oder religionsgemeindlichen Steuerverbandsvertretung obliegt vor allem

1. die Sorge für die Vorbereitung der Beratung und Beschlußfassung über den Voranschlag der jährlichen Einnahmen und Ausgaben und über die Deckung eines allenfallsigen außerordentlichen Bedarfes;
2. die Beratung und Beschlußfassung über die Festsetzung des ordentlichen und außerordentlichen Bedarfes und damit über die Deckung der Fehlbeträge sowie über die Prüfung und Verbescheidung der Rechnungen mit Belegen;
3. die Sorge für den Vollzug aller Beschlüsse, für ein geordnetes Kassen- und Rechnungswesen sowie für dessen hinreichende Überwachung.

Art. 5. I Die Umlagen sind gleichmäßig zu erheben

1. zur bayerischen Grund- und Haussteuer — im Gebiete des ehemaligen Freistaates Coburg zur dortigen Grundsteuer für Liegenschaften und Grundsteuer für die auf dem Grund und Boden errichteten Gebäude —, ferner zur bayerischen Gewerbsteuer und Steuer vom Gewerbebetrieb im Umherziehen,
2. zur Reichs-Einkommen-, Körperschafts- und Vermögenssteuer, zur letztgenannten Steuer mit Ausschluß des reichsgesetzlichen Notopferzuschlages (vergl. § 1 Abs. II des Vermögensteuergesetzes vom 8. April 1922 in der Fassung des Gesetzes vom 20. März 1923, RGBl. I S. 335 und I Seite 198).

II Zur Erhebung von Umlagen, die 10 vom Hundert der ihnen zugrunde liegenden Reichs- und Landessteuern übersteigen, bedürfen die Religionsgesellschaften und die Religionsgemeinden der staatlichen Genehmigung. Diese Genehmigung wird bei Umlagenbeschlüssen von Religionsgesellschaften durch das Staatsministerium für Unterricht und Kultus im Benehmen mit dem Staatsministerium der Finanzen, bei Umlagenbeschlüssen von Religionsgemeinden durch die für den Steuerverbandssitz örtlich zuständige Staatsaufsichtsbehörde erteilt. Sie kann bei ordnungsmäßigen Umlagebeschlüssen nur versagt werden, wenn die Umlagen die Leistungsfähigkeit der Umlagepflichtigen übersteigen.

Art. 6. Personen, die zur Entrichtung einer der in Art. 5 bezeichneten Steuern verpflichtet sind, haben auf Verlangen der mit der Umlagenverwaltung betrauten Stelle für sich und für die von ihnen zu vertretenden Pflichtigen eine Erklärung über die religionsgesellschaftliche oder religionsgemeindliche Zugehörigkeit abzugeben und auch sonst die erforderlichen Aufschlüsse, bei einheitlicher Veranlagung mehrerer Personen auch über das Anteilsverhältnis der Einzelnen zu erteilen.

Art. 7. I Umlagenpflichtig gegenüber Religionsgemeinden öffentlichen Rechtes (ortsumlagenpflichtig) sind Religionsgenossen, soweit sie innerhalb des zum religionsgemeindlichen Steuerverbande gehörigen Gebietes (Teilgebietes) einer bürgerlichen Gemeinde oder abgesonderten Markung eine der in Art. 5 Abs. I bezeichneten Steuern zu entrichten haben.

II Eine natürliche Person, die nicht Religionsgenosse ist, hat nur insoweit beizutragen, als eine Gemeinschaft des Bedürfnisses oder Gebrauches besteht oder ein besonderes Rechtsverhältnis eine Beitragspflicht begründet. Die sonstigen Voraussetzungen der Beitragspflicht sind die gleichen wie bei Religionsgenossen.

III In den Fällen des § 19 Abs. III und IV der bayerischen Verfassung vom 14. August 1919 bemißt sich die Beitragspflicht der fremden Religionsverwandten nach den Vorschriften über die Beitragspflicht der Religionsgenossen.

IV Die Umlagenpflicht beginnt und endet mit der Steuerpflicht. Treten ihre sonstigen Voraussetzungen erst nach Beginn der Steuerpflicht ein oder fallen sie früher als diese weg, so beginnt und endet die Umlagenpflicht mit dem Anfange des nächsten Rechnungsjahres.

V Wenn auf Grund besonderen Rechtsverhältnisses, Herkommens oder Gemeinschaft des Bedürfnisses oder Gebrauches für einen Teil des Religionsgemeindebezirkes ein kirchlicher Konkurrenzverband besteht, der weder eine Mutter- oder Tochtergemeinde noch einen besonderen kirchlichen Friedhofverband bildet, so hat die Umlagenpflicht zur Voraussetzung, nicht nur daß der Steuerbetrag auf den Verband trifft, sondern auch daß der umlagenpflichtige Religionsgenosse im Konkurrenzbezirke den Wohnsitz oder Aufenthalt hat.

VI Das Staatsministerium für Unterricht und Kultus ist ermächtigt, im Benehmen mit dem Staatsministerium der Finanzen zur Regelung der Ortsumlagenpflicht in besonderen Fällen von Abs. I abweichende Bestimmungen zu treffen.

Art. 8. I Juristische Personen und nichtrechtsfähige Vereine, die nicht nach Art. 9 Ziff. 2 behandelt werden können, sind nur bei Baumlagen beitragspflichtig (Bauumlagenpflicht). Im übrigen gelten für Bauumlagen die gleichen Vorschriften wie für sonstige Umlagen der religionsgemeindlichen Steuerverbände, soweit nicht ein anderes bestimmt ist. Die Bauumlagenpflicht besteht nicht gegenüber kirchlichen Konkurrenzverbänden, die weder Mutter- oder Tochtergemeinden noch besondere Friedhofverbände bilden.

II Als Bauumlagen gelten die Umlagen für Herstellung oder Unterhaltung

1. von Kirchen mit regelmäßigen pfarrlichem Gottesdienst und der mit solchem fest verbundenen inneren Einrichtung sowie der Kirchenstühle,
2. von Gebäuden für die Pfarrgeistlichen oder für Mesner,
3. von kirchlichen Friedhöfen und den dazu gehörigen Bauwerken.

III Aus besonderen Gründen können gänzliche oder teilweise Befreiungen durch die religionsgemeindlichen Steuerverbände festgesetzt werden.

IV Kraft Gesetzes sind befreit die juristischen Personen des öffentlichen Rechtes, ferner, soweit sie öffentlichen Zwecken dienen, die sonstigen Körperschaften, Vereine, Stiftungen, Anstalten und Kassen. Dies ist insbesondere der Fall, soweit ihrer Verfassung gemäß ihre Mittel für Zwecke des Kultus, des Unterrichtes, der Erziehung, der Wissenschaft, der Kunst, der öffentlichen Gesundheitspflege (unter Ausschluß von Erwerbs- oder Sportzwecken) oder der Wohltätigkeit verwendet werden.

V Kraft Gesetzes sind ferner befreit juristische Personen und nichtrechtsfähige Vereine, die in ausschließlicher Beziehung zu einer anderen Religionsgesellschaft stehen oder an denen ausschließlich oder überwiegend Angehörige einer anderen Religionsgesellschaft oder bekenntnislose Personen beteiligt sind.

Art. 9. Für die Berechnung der Umlagen sind folgende Grundsätze maßgebend:

1. Reichs- oder Landessteuern, zu denen Zuschläge (Umlagen) erhoben werden, kommen mit dem einfachen Betrag in Ansatz.
2. Soweit mehrere natürliche Personen einheitlich veranlagt werden und nicht sämtlich gegenüber dieser Religionsgemeinde umlagenpflichtig sind, ist bei den umlagenpflichtigen nur der ihrem Anteil entsprechende Teil der Steueransätze heranzuziehen. Solange nicht ein anderes nachgewiesen oder von Amts wegen festgestellt wird, sind gleiche Anteile anzunehmen.
3. Ist von Ehegatten, die nicht dauernd getrennt leben, nur einer Religionsgenosse, so wird bei ihm die Hälfte der Steueransätze herangezogen, die in Betracht kämen, falls beide Gatten Religionsgenossen wären. Das gleiche gilt entsprechend, wenn in einer Hausgemeinschaft Elternteile und wirtschaftlich unselbständige Kinder nicht sämtlich dem nämlichen Bekenntnisse angehören; die Angehörigen des gleichen Bekenntnisses innerhalb der Hausgemeinschaft gelten bei der Berechnung als Einheit. Für die Umlagen der Frau haftet der Mann, für die Umlagen der Kinder haftet der Gewalthaber als Gesamtschuldner.

4. Die Steuern der Bauumlagenpflichtigen mit Bekenntnisgepräge werden für den religionsgemeindlichen Steuerverband des entsprechenden Bekenntnisses mit den vollen Ansätzen herangezogen. Als Pflichtige mit Bekenntnisgepräge gelten auch solche juristische Personen oder nichtrechtsfähige Vereine, an denen nachweisbar ausschließlich Angehörige der gleichen Religion beteiligt sind.
5. Bauumlagenpflichtige ohne Bekenntnisgepräge können von dem religionsgemeindlichen Steuerverbande des einzelnen Bekenntnisses nur mit einem Bruchteile der Steueransätze herangezogen werden. Der Bruchteil bemißt sich nach dem Anteile des Bekenntnisses an der Gesamteinwohnerzahl der einschlägigen bürgerlichen Gemeinde (bei abgesonderten Markungen der Bezirksgemeinde) nach der letzten Volkszählung. Der Anteil wird als Hundertsatz berechnet. Bruchteile von mehr als ein Halb werden auf eins vom Hundert aufgerundet, andere bleiben außer Ansatz.
6. Aus der Steuersumme, die sich nach Ziff. 1 bis 5 ergibt, werden die Umlagen nach einem einheitlichen Hundertsatze berechnet. Mit diesem Hundertsatze werden sie auf die einzelnen Pflichtigen entsprechend ihren Steueransätzen zu den einzelnen Steuern ausgeschlagen.

Art. 10. I Wenn ein auswertiger Religionsgenosse die Einrichtungen einer Religionsgemeinde, ohne ihr anzugehören in einem solchen Umfange benützt, daß seine Beiziehung zu ihren Lasten billig erscheint, so kann er von der Vertretung des religionsgemeindlichen Steuerverbandes mit einer Beitragsleistung in Anspruch genommen werden.

II Mangels gütlicher Einigung über die Beitragsleistung oder den Anspruch entscheidet endgültig

1. eine vom Staatsministerium für Unterricht und Kultus beauftragte Regierung, Kammer des Innern, wenn eine Religionsgemeinde mit dem Sitz in einer unmittelbaren Stadt beteiligt ist,
2. in den übrigen Fällen ein Bezirksamt, das von der vorgesetzten Regierung, Kammer des Innern, oder, falls die beteiligten Steuerverbände in verschiedenen Regierungsbezirken liegen, vom Staatsministerium für Unterricht und Kultus dazu beauftragt wird.

Art. 11. I Umlagenpflichtig gegenüber einer Religionsgesellschaft öffentlichen Rechtes (landesumlagenpflichtig) sind alle Religionsgenossen, die innerhalb des religionsgesellschaftlichen Steuerverbandes zur Entrichtung einer der in Art. 5 bezeichneten Steuern verpflichtet sind.

II Die Vorschriften des Art. 7 Abs. IV und Art. 9 finden entsprechend Anwendung.

Art. 12. I Die Verwaltung der religionsgesellschaftlichen oder religionsgemeindlichen Umlagen kommt der Vertretung des religionsgesellschaflichen oder religionsgemeindlichen Steuerverbandes zu.

II Die Vertretungen der Steuerverbände haben hinsichtlich der von ihnen verwalteten Umlagen das Vollstreckungsrecht. Nach erfolgter Mahnung ist von der Vertretung ein Ausstandsverzeichnis anzufertigen und mit dem Vermerke zu versehen: „Vorstehendes Ausstandsverzeichnis wird hiermit für vollstreckbar erklärt.“ Die Vertretung kann die Zwangsvollstreckung, soweit sie nicht nach der Zivilprozeßordnung den Gerichten zugewiesen ist, durch die Vollzugsorgane der bürgerlichen Gemeinde auf Grund freier Vereinbarung mit der Gemeindebehörde oder durch den Gerichtsvollzieher bewirken lassen. Die Art. 6 Abs. II und III, 7 Abs. I Satz I und II des Ausführungsgesetzes zur Zivilprozeßordnung und Konkursordnung finden entsprechend Anwendung.

III Jeder religionsgesellschaftliche Steuerverband kann für sich und nach Maßgabe seiner Verfassung auch für seine religionsgemeindlichen Steuerverbände die Übertragung der Umlagenverwaltung an die Landesfinanzämter und Finanzämter beim Reichsminister der Finanzen nach Maßgabe des § 19 Abs. II der Reichsabgabenordnung beantragen oder mit bürgerlichen Gemeinden die Übernahme dieser Verwaltung vereinbaren. Jeder religionsgemeindliche Steuerverband hat für sich dieselben Befugnisse.

IIIa Wenn ein religionsgemeindlicher Steuerverband innerhalb der ihm von seiner Religionsgesellschaft gesetzten Frist es unterläßt, gesetzlich oder nach religionsgesellschaftlicher Satzung notwendige Ausgaben in den Voranschlag aufzunehmen oder erforderlichenfalls außerordentlich zu genehmigen, so kann ihn seine Religionsgesellschaft unter Angabe der einschlägigen gesetzlichen oder satzungsmäßigen Bestimmungen auffordern, binnen angemessener Frist die zur Erfüllung seiner Verpflichtungen erforderlichen Beschlüsse zu fassen.

Bestreitet er innerhalb der vorgesetzten Frist die gesetzliche oder satzungsmäßige Notwendigkeit, den Umfang oder die Art der Leistung, so hat die Religionsgesellschaft hierüber in einem geordneten Verfahren, für dessen Regelung Art. 3 Abs. III und IV entsprechend gelten, zu entscheiden. Mangels Erfüllung der endgültig festgestellten Verpflichtung innerhalb einer angemessenen Frist hat die Religionsgesellschaft an Stelle des religionsgemeindlichen Steuerverbandes die etwa erforderliche Umlage anzuordnen und ihre Erhebung auf Kosten des religionsgemeindlichen Steuerverbandes zu veranlassen; diese Bestimmung ist auch anwendbar, wenn es sich um Ausgaben handelt, zu deren Deckung ein religionsgemeindlicher Steuerverband auf Grund rechtskräftiger öffentlich- oder bürgerlich-rechtlicher Entscheidung verpflichtet ist.

IV Streitigkeiten über Ansprüche und Verbindlichkeiten zur Entrichtung religionsgesellschaftlicher oder religionsgemeindlicher Umlagen sind im Verwaltungsstreitverfahren zu entscheiden. Zuständig zur Entscheidung im ersten Rechtszug ist die Staatsaufsichtsbehörde des religionsgemeindlichen Steuerverbandssitzes, in dem der Umlagenpflichtige seinen Wohnsitz oder doch seinen gewöhnlichen Aufenthalt hat, im zweiten und letzten Rechtszuge der Verwaltungsgerichtshof.

Art. 13. I Abweichende Vereinbarungen oder Verfügungen der Staatsregierung bleiben vorbehalten

1. in Bezug auf religionsgesellschaftliche oder religionsgemeindliche Umlagenpflicht von Religionsgenossen, soweit sie auch dem Besteuerungsrechte nichtbayerischer Religionsgesellschaften öffentlichen Rechtes oder einem dieses ersetzenden Besteuerungsrecht unterliegen,
2. nach dem Grundsatze der Gegenseitigkeit in Bezug auf die religionsgesellschaftliche oder religionsgemeindliche Umlagenpflicht von Personen, die zu einem anderen Staate in Beziehung stehen.

II Die religionsgesellschaftlichen und religionsgemeindlichen Steuerverbände sind im Falle des Abs. I Ziff. 1 auch selbst zur Gewährung von Minderungen oder Befreiungen befugt.

Art. 14. Die Umlagenforderungen und ihre Erträgnisse bilden einen Bestandteil des religionsgesellschaftlichen oder religionsgemeindlichen Vermögens; ihre weitere Behandlung und vorbehaltlich des Art. 8 Abs. II ihre weitere Verwendung bemessen sich nach der religionsgesellschaftlichen oder religionsgemeindlichen Verfassung.

Art. 15. Weggefallen.

Art. 16. Steuernachlässe bewirken die entsprechende Minderung oder Aufhebung der religiongesellschaftlichen oder religionsgemeindlichen Umlagenpflicht.

Art. 17. I Die Niederschlagung von Umlagen aus Billigkeitsgründen oder wegen Aussichtslosigkeit der Beitreibung bleibt der Vertretung des Steuerverbandes vorbehalten. Im Falle der Übertragung der Umlagenverwaltung können wegen der Zuständigkeit zur Niederschlagung besondere Vereinbarungen mit den Behörden getroffen werden, welche die Verwaltung übernehmen.

II Entlegen wohnhaften Religionsgenossen können zur Deckung der Kosten der für sie bestimmten besonderen Einrichtungen auch besondere religionsgesellschaftliche oder religionsgemeindliche Umlagen auferlegt werden.

Art. 18. I Unbeschadet ihres Einzelfortbestandes kann Vereinigungen von Religionsgesellschaften öffentlichen Rechtes zu einem weiteren religionsgesellschaftlichen Verbande, dann Vereinigungen von Religionsgemeinden öffentlichen Rechtes oder Teilen solcher Religionsgemeinden zu einem weiteren religionsgemeindlichen Verbande auf Antrag vom Staatsministerium für Unterricht und Kultus die Eigenschaft eines religionsgesellschaftlichen oder eines religionsgemeindlichen Steuerverbandes nach Art. 2 des Gesetzes und zwar mit allgemeiner oder beschränkter Umlagengemeinschaft verliehen werden.

II Die bisherigen Gesamtkirchengemeinden und ortskirchlichen Konkurrenzverbände gelten als Steuerverbände.

III Die übrigen Bestimmungen dieses Gesetzes kommen in den Fällen des Abs. I und II entsprechend zur Anwendung. Für den Vollzug des Art. 5 Abs. II gelten Umlagen eines Landesverbandes von Religionsgemeinden öffentlichen Rechtes, die keiner Religionsgesellschaft öffentlichen Rechtes angehören, als religionsgesellschaftliche Umlagen.

IV Dem Staatsministerium für Unterricht und Kultus bleibt vorbehalten in besonderen Fällen die Befugnisse der Staatsaufsichtsbehörden (Art. 3 Abs. III) auch gegenüber religionsgemeindlichen Steuerverbänden selbst wahrzunehmen oder einer Regierung zu überweisen.

Art. 19. Ob und wieweit die Vorschriften dieses Gesetzes auf Religionsgemeinden öffentlichen Rechtes anzuwenden sind, zu denen auch nichtbayerische Gebiete gehören, bemißt sich nach den Staatsverträgen und den besonderen Rechtsverhältnissen. Abweichende Regelung nach Einvernahme der Beteiligten bleibt vorbehalten.

Art. 20. I Das Gesetz wird als dringend erklärt; es tritt sofort mit Wirkung vom 1. April 1923 in Kraft.

II Vorbehaltlich des Gesetzes vom 18. März 1921 über die Forterhebung der religionsgesellschaftlichen Steuern und religionsgemeindlichen Umlagen für die Zeit vom 1. April 1920 bis 31. März 1921 werden aufgehoben

1. das Gesetz, die Kirchensteuern für die protestantischen Kirchen des Königreiches Bayern betreffend, vom 15. August 1908,
2. soweit sie mit dem religionsgesellschaftlichen Steuergesetze in Widerspruch stehen, die Bestimmungen der Kirchengemeindeordnung vom 24. September 1912 und der Verordnung betreffend die israelitischen Kultusgemeinden der Pfalz vom 27. März 1872. Vom 1. April 1921 ab wird als Rechnungsjahr auch der Kirchenstiftungen die Zeit vom 1. April bis 31. März bestimmt.

III Soweit zu den in Art. 5 Abs. I Ziff. 1 benannten Steuern Zuschläge oder ein Vielfaches der Normalsteuer oder im Gebiete des ehemaligen Freistaates Coburg mehr als 1½ Steuereinheiten aus der Grundsteuer erhoben werden, erstreckt sich die religionsgesellschaftliche oder religionsgemeindliche Umlagenberechtigung vom 1. April 1922 an auch auf diese Zuschläge oder das Vielfache und die erhöhten Steuereinheiten.

IV Vom Tage des Inkrafttretens dieses Gesetzes in seiner ursprünglichen Fassung vom 27. Juli 1921[1]) an werden die bisherigen Presbyterien (Kirchenverwaltungen) der evangelisch-christlichen Kirche der Pfalz ersetzt durch die nach der Verfassung dieser Kirche vom 20. Oktober 1920 gewählten Presbyterien.

V Das Staatsministerium für Unterricht und Kultus im Benehmen mit dem Staatsministerium der Finanzen erläßt die Vollzugsvorschriften zu diesem Gesetz und ist berechtigt, die Bestimmungen über die Erhebung der religionsgesellschaftlichen und religionsgemeindlichen Umlagen den jeweils geltenden Vorschriften für die Erhebung der ihnen zugrunde liegenden Steuern anzugleichen sowie einzelne Vorschriften des Gesetzes von einem früheren Zeitpunkt als vom 1. April 1923 ab in Kraft zu setzen.

VI Die Einführung dieses Gesetzes für die Gebietsteile des ehemaligen Freistaates Coburg erfolgt durch Entschließung des Staatsministeriums für Unterricht und Kultus im Benehmen mit dem Staatsministerium der Finanzen.

---

[1]) d. i. gemäß Art. 20 Abs. I a. a. (GVBl. 1921 S. 465) ab 1. April 1921.